Die zweieinhalb Geißeln unserer Zeit

Eine Diatribe für
den modernen Menschen
zum Umgang mit
Gedankenschädlingen

von

Markus D. Mühleisen

Deutsche Erstausgabe

im Februar 2025

Markus D. Mühleisen

Die zweieinhalb Geißeln unserer Zeit

Umschlagbild
Markus D. Mühleisen

Impressum

1. Auflage
Ausgabe 02/2025
Bibliografische Information der Deutschen Nationalbibliothek:
Die Deutsche Nationalbibliothek verzeichnet diese Publikation in der Deutschen Nationalbibliografie; detaillierte bibliografische Daten sind im Internet über http://dnb.dnb.de abrufbar.
Verlag: BoD · Books on Demand GmbH, In de Tarpen 42, 22848 Norderstedt, bod@bod.de
Druck: Libri Plureos GmbH, Friedensallee 273, 22763 Hamburg
ISBN: 978-3-7693-4021-1

Inhalt

0 Vorwort

Da ist er: Der Gedanke. Dann folgt die Idee. Einmal gedacht, ist dieser Gedanke und die Idee einfach da und beschließen zu bleiben.

Vielleicht ist der Gedanke störend, inadäquat und passt gerade nicht. Nun, dann hat man gemeinhin zwei Möglichkeiten. Man kann den Gedanken oder die Idee einfach ignorieren. Bildlich gesprochen muss man sich also einfach um den riesigen, rosa Elefanten im Raum herumdrücken. Sich also mit der Nase an der Wand und mit dem Rücken am Elefant vorbei quetschen, um zur Tür zu kommen. Ehrlich, das funktioniert noch viel schlechter, als es sich anhört. Es ist eine kräftezehrende Übung.

Oder man versucht, den Gedanken einfach zu vergesse, was aber eigentlich genauso unmöglich ist wie das Ignorieren, zumindest meiner Erfahrung nach. Das Vergessen funktioniert lediglich mit eben jenen existenziell wichtigen Dingen wie Einkaufslisten oder der PIN zur Kreditkarte. Ansonsten funktioniert das mit dem Vergessen aber meiner Erfahrung nach eben nicht.

Also ist guter Rat teuer. Was also tun, wenn dieser Gedanke, diese Idee im Kopf ist und dort gleich einem aufgeregten Kind, das nervös vor Anspannung vor dem ersten Kinobesuch auf und ab hüpft und permanent unsere Aufmerksamkeit beansprucht?

Tja, dafür gibt es keine Patentlösung.

Meine Lösung ist die Flucht in plumpen Aktionismus. Ich greife dann zum heutigen Pendant des metaphorischen Papiers samt Bleistift – der Tastatur und beginne zu schreiben. Ein weiteres Buch entsteht.

So und nicht anders hat auch das vorliegende Werk das Licht der Welt (in diesem Falle also das Licht der Flachbildschirme am Ort meines Schaffens) erblickt. Wenn ich dann am Ende mehr oder weniger zufrieden in andächtiger, langsamer Art und Weise die Hände von der Tastatur nehme, gleich der Beschwörung der Götter der Lesefreude verbunden mit der Fürbitte für viele begeisterte Leser, dann ist es geschafft, das Werk vollbracht.

Ich präsentiere mit Stolz mein neues Werk:

Die zweieinhalb Geißeln unserer Zeit

Eine Diatribe für den modernen Menschen zum Umgang mit Gedankenschädlingen

1 Was bisher geschah

Wo fange ich nur am Besten an? Ah, genau.

Wir stellen uns einmal die im Folgenden erzählte, natürlich absolut erfundene und niemals nie nimmer nie wirklich passierte Geschichte vor.

Wir sind bei einem Klassentreffen. Diese wunderbaren Gelegenheiten, bei denen man feststellen kann, dass sich die meisten Menschen nicht ändern. Vielleicht, weil sie nicht wollen, vielleicht weil sie es nicht können oder auch vielleicht deshalb, weil wir unsere Sicht auf diese Menschen über all die Jahre konserviert haben und so heute wie vor vielen Jahren zur gleichen Beurteilung unseres Gegenübers kommen (siehe 2 Die erste Geißel: Attribuierung).

Bleiben wir jedoch vorerst einmal bei unserem Klassentreffen. Wir stehen in einem Restaurant oder einer Bar, halten ein Getränk unserer Wahl fest (»... heutzutage natürlich alkoholfrei, schließlich muss man noch fahren, hach was waren das früher für Zeiten, weißt du noch ...«) und lauschen den Erzählungen aus den guten, alten Schulzeiten. Man sollte es nicht glauben, diese Erzählungen sind alle bekannt, über die vielen Jahre hinweg immer wieder wiederholt. Sie führen tatsächlich immer wieder dazu die alten Zeiten aufleben zu lassen und werden mit den Jahren immer wertvoller, da man sich sonst nicht viel zu sagen hat. Das ist eigentlich wie mit gutem Wein. Dieser ruht unter sorgsamer Aufsicht über Jahre im Holzfass ganz unten im tiefen Keller. Dabei wird er immer wieder vom Kellermeister mit aufmerksamer Sorgfalt und Fürsorge auf seinen Reifegrad hin überprüft und kommt dann in voller Güte auf den Tisch. Viele Geschichten sind allerdings tatsächlich durch die Jahre schon so abgegriffen, dass sich manche danach sehnen, wieder einmal etwas neues Altes zu hören. Aber nicht alle sind dafür bereit.

Jetzt ist der Moment da. Unser Protagonist (Achtung! Männliches Rollenbild und nicht genderneutrale Formulierung – siehe Kapitel 2 Die erste Geißel: Attribuierung) holt Luft und möchte die ausgetretenen Wege der altbekannten, aber doch wiederkäuenden Erzählungen verlassen und ergreift mutig das Wort: »Ich kann mich noch daran erinnern, wie wir am Ende des Kindergartens mit unserer Kindergartentante das Lied 'Alle Kinder lernen Lesen' gesungen haben. Ich weiß noch genau, wie wir uns dabei auf die Schule gefreut haben!«

Stille setzt ein. Schlagartig. Köpfe rucken herum. Im Hintergrund sind Seufzer der Verzweiflung und auch abschätziges Zungenschnalzen zu hören. Ansonsten ist es still. Mucksmäuschen still. Die unverheiratete, ehemalige Klassenkameradin, die für ein wenig erfolgreiches Wochenmagazin zur Erkämpfung der Gleichberechtigung aller Geschlechter kleinere Artikel verfasst, ergreift das Wort: »Da hast du dich wohl etwas in der Wortwahl vergriffen.«

Unser Protagonist ist völlig überrumpelt von der wogenden Ablehnung, die ihm gerade entgegenschlägt. Von jetzt auf gleich ist er aus der Gemeinschaft ausgeschlossen worden, fortan ein Paria, dessen Recht auf Selbstbestimmung per Akklamation der gemeinschaftlichen Missbilligung nun bestenfalls noch eingeschränkt, ja fast nicht mehr existent ist.

Jetzt verlassen wir diese unangenehme Situation unserer hypothetischen Geschichte.

Warum habe ich sie erzählt? Ich möchte anhand dieser Erzählung einige Gedanken zu den, wie ich meine zwei großen Geißeln unserer heutigen Zeit formulieren und dabei auch deren kleine Schwester betrachten, die sich hinterhältig im Kielwasser ihrer großen Brüder in unser Denken eingeschlichen hat.

Ich bitte den geneigten Leser (sorry, wieder ohne gendergerechte Ansprache) darum, den folgenden Ausführungen, so abstrakt sie auch im ersten Moment wirken mögen, zu folgen. Es ist mir tatsächlich ein persönliches Anliegen, diese zweieinhalb Geißeln unserer Zeit zu bekämpfen. Es handelt sich nach meinem Dafürhalten dabei um Gedankenschädlinge. Jeder Schädlingsbekämpfer weiß, dass zur erfolgreichen Bekämpfung eines Schädlings das Verständnis für das Wesen desselben zwingend nötig ist. Mein Ziel ist es folgerichtig, das Wesen dieser Gedankenschädlinge zu beleuchten.

Ganz am Ende werde ich die oben erzählte Geschichte wieder aufgreifen und versuche dadurch den Bogen ins Pragmatische zu schlagen.

2 Die erste Geißel: Attribuierung

Ursprünglich war es einfach ein Hilfsmittel und eine Überlebensstrategie. Wir haben Menschen, Tieren, Pflanzen oder Dingen allgemeine Eigenschaften zugeordnet. Überwiegend war diese Zuordnung von Eigenschaften fundiert auf den Erfahrungen und Beobachtungen, die wir als Einzelperson und als Gesellschaft gemacht haben.

Ein Beispiel: Feuchtes Holz brennt schlecht. Trockenes Holz brennt besser. Zunder, der schon in der Jungsteinzeit verwendete Feuerschwamm, brennt hervorragend. Brennt etwas ausgezeichnet, dann brennt es »wie Zunder«. Das hat sich schon in unserer Sprache niedergeschlagen und als Redewendung etabliert. Dies wird der Sache von nun an als Eigenschaft, als Attribut zugeordnet und fortan ungeprüft verwendet. Auf die fehlende Prüfung bei Verwendung gehe ich später noch genauer ein.

Wir verwenden in diesem Beispiel einen Vergleich der Brennbarkeit als Maßstab. Dabei geschieht etwas sehr Wichtiges.

Ohne es näher auszuführen, erlauben wir absichtlich eine Unschärfe. Ob etwas wirklich genauso leicht entzündlich ist wie getrockneter Feuerschwamm und ob die beim Verbrennen freigesetzte Wärmemenge eben jenem Feuerschwamm entspricht oder ob gar die Reaktionsprodukte dieser Oxidation bei Zunder und unserer Sache die gleichen sind, wird völlig ignoriert. Denn zugegebener Maßen ist die Ableitung einer Reaktionsgleichung samt der Ableitung der tatsächlichen Mengenverhältnisse der Reaktanten und Produkte aus der Kenntnis über deren Eigenschaften, selbst für Überlebende einer gymnasialen Schullaufbahn in heutigen Zeiten eher mühsam, meist sogar unmöglich.

Im Folgenden versuche ich, meine Gedanken zum Thema Attribuierung strukturell aufgegliedert vorzutragen. Damit verbunden ist leider, dass die meiner Meinung nach notwendige Sorgfalt in Definition und Formulierung zu einem etwas sperrig lesbaren Text führt. So könnte der Eindruck entstehen, dass dies eine wissenschaftliche Abhandlung sein solle, doch diesen Anspruch möchte ich nicht erheben. Ich bitte daher den geneigten Leser (ja, ja, immer noch ohne Genderklimbim) um Nachsicht und Geduld und ein gewisses Durchhaltevermögen. Vielen Dank dafür. Also, los geht's!

Wir beginnen bei der besprochenen Art der Attribuierung, ich nenne sie Kommunikationsattribuierung. Sie ähnelt der aus der Sozialpsychologie und Sozialpsychiatrie als Zuschreibung bekannte Vorgehensweise. Es werden also viele Bereiche außer Acht gelassen. So wird im oben gewählten Beispiel auf die Diskussion der Reaktionsgleichung verzichtet. Dieses außer Acht lassen geschieht sicher oft aus Gründen des Pragmatismus, denn nicht jedes Mal möchten wir uns mit Molmengenrechnungen auseinandersetzen, wenn wir im Gespräch etwas bildhaft illustrieren möchten. Die Kommunikationsattribuierung wird im Austausch verwendet. Dabei ist zu unterscheiden, ob dieser Austausch unidirektional ist, beispielhaft eine Meldung in Zeitung oder Medien, oder bi- bzw. multidirektional, wie im Gespräch zwischen zwei oder mehreren Menschen. Auch auf diesen Punkt möchte ich später noch eingehen.

Tatsächlich können wir jedoch beobachten, dass diese Attribuierung nicht mehr nur zur bildhaften Verdeutlichung eines Gedanken in einer Kommunikation eingesetzt wird. Die gewollte Form der zugelassenen Unschärfe der Zuweisung von Eigenschaften wird leider immer öfter ausgedehnt. Diese Ausdehnung ist meiner Meinung nach weder unabsichtlich noch durch Unwissenheit begründet. Oft wird, ohne dies ausdrücklich zu benennen, die Unschärfe schrittweise ausgedehnt. Am Ende dieses Prozesses ist es dann möglich, eine Kommunikationsattribuierung gesellschaftlich akzeptiert einzusetzen. Allerdings wurde in vielen Fällen bei genauerer Betrachtung das Maß der Unschärfe so weit gedehnt, dass die ursprünglich intendierte Beschreibung eigentlich nicht mehr verwendbar ist.

Diese gesellschaftliche akzeptierte Ausweitung der Unschärfe wird tatsächlich jedoch nicht thematisiert, die Kommunikationsattribuierung wird dagegen widerspruchslos unterstützt.

Ich möchte versuchen, das obige Beispiel einer Kommunikationsattribuierung »brennt wie Zunder« aufzugreifen und durch Ausweitung der gesellschaftlich akzeptierten Unschärfe in sachlich unsinniger Form anzuwenden.

Bleiben wir also beim Brennholz. Trockenes Brennholz brennt »wie Zunder«, dem kann man wahrscheinlich noch problemlos zustimmen. Tatsächlich ist es jedoch sehr viel schwerer, Brennholz zu entzünden als einen trockenen Feuerschwamm. Bei letzterem reicht oft ein Funke und schon lodern die Flammen. Mit Holz ist das etwas schwieriger. Wer schon einmal ungeübt versucht hat, ein Lagerfeuer zu entfachen, weiß, wovon ich rede. Aber gut, einmal brennt der erste Brennholzscheit und ab jetzt ist es leicht, weitere Scheite zu entzünden.
Ok, wir haben also eine zulässige Attribuierung in der Kommunikation »Trockenes Brennholz brennt wie Zunder«.

In fernen, heißen Ländern gibt es oft wenig Wald und damit wenig Holz, dort wird Dung, also die festen Ausscheidungen von Tieren, aufgesammelt und getrocknet, um ihn als Brennmaterial einzusetzen. Sicher kann man sich leicht vorstellen, dass dieser Brennstoff aufgrund seiner Konsistenz schwerer zu entzünden ist als Holz.

In Ermangelung von anderem Brennstoff wird vielleicht dort, wo dieser getrocknete Dung zum Feuer machen verwendet wird, die Kommunikationsattribuierung »brennt wie Zunder« als zulässig und richtig eingestuft. Vielleicht auch deshalb, weil kein vergleichbarer Brennstoff verfügbar ist. So ist die gesellschaftliche Akzeptanz dieser Unschärfe durchaus sinnvoll.

Führt man diesen, zugegebenermaßen etwas sperrigen Gedanken, weiter fort, könnte man den Blick in kalte Regionen unserer Erde richten. Dort wird Robben- oder Walöl verwendet. Gewonnen wird das Öl durch Klopfen von Speck der erlegten Tiere mit einem Stein, dann wird es in einer speziellen Öllampenschale verbrannt.

Ich könnte mir denken, dass in diesem Umfeld das Öl aus Robben- oder Walspeck ebenfalls mit dem Kommunikationsattribut »brennt wie Zunder« versehen werden könnte. Obwohl die Herstellung sehr viel komplexer und schwieriger ist. Außerdem brennt dieses dann wiederum nur unter Zuhilfenahme von Dochten aus Torf oder Moos. Da es in diesen kargen und kalten Regionen wiederum kein vergleichbares Brennmaterial gibt, könnte dieser durch einen Vergleich mit stark ausgeweiteter Unschärfe erdachten Kommunikationsattribuierungen als sinnvoll erachtet werden.

Die als gesellschaftlich zulässig anerkannte Unschärfe bei der Kommunikationsattribuierung könnte man also in Abhängigkeit zum situativen Umfeld definiert sehen. Sowohl wir in Deutschland als auch ein Mensch aus einem jener fernen, heißen Länder würden nicht sagen, dass Robben- oder Walöl brennt wie Zunder. Ein Mensch, der in jenen kalten Regionen lebt, würde diese über einen Vergleich begründete Kommunikationsattribuierung vielleicht dennoch als zutreffend beschreiben.

Die zugelassene Unschärfe ist sicher noch von vielen anderen Faktoren abhängig. Beispielhaft ist der zeitliche Kontext wichtig, also in welcher Epoche die Kommunikationsattribuierung verwendet wird. Weitere Faktoren können soziale, kulturelle und bildungsabhängige Umstände sein.
Zusammenfassend lässt sich also auf Basis der obigen Ausführungen sagen, dass eine Kommunikationsattribuierung keinen Anspruch auf allgemeingültig richtige Beschreibung legt.

Genau hier ist das Problem. Denn oft werden diese Attribuierungen eben als allgemeingültig verwendet.

Warum geschieht das? Neben der sicher oft gegebenen sprachlichen und argumentativen Unsauberkeit vermute ich dahinter die Absicht, die Wahrnehmung der passiven Kommunikationsbeteiligten zu beeinflussen. Dazu wird nach meiner Beobachtung auch oft ein weiteres Mittel der Rhetorik verwendet. In unserem Beispiel könnte eine bildhafte, figürliche Anwendung erfolgen. Wenn wir die Brennbarkeit von Zunder und das dadurch mögliche Feuermachen übertragen auf gesellschaftliche Situationen, dann kann das Bild des Feuers als zerstörende Kraft dafür verwendet werden, dass eine Idee oder Ansicht als zerstörende Kraft wahrgenommen wird. Dies geschieht dann einfach durch eine Attribuierung in der Kommunikation.

Wir stellen uns bitte einmal folgendes Szenario vor.

In einer gesellschaftlichen Debatte wird eine mögliche Vorgehensweise zumindest von einem Teil der Gesellschaft - nennen wir sie Gruppe A - zunehmend als möglicher Lösungsansatz angesehen. Der andere Teil der Gesellschaft - nennen wir sie Gruppe B - lehnt die Vorgehensweise aus welchen Gründen auch immer ab. Gruppe B ist eventuell nicht mehr in der Lage, mit Sachargumenten ihre Ablehnung der Vorgehensweise zu begründen.

An diesem Punkt könnte die Gruppe B jetzt auf den Gedanken kommen, eben jener Vorgehensweise in der Kommunikation ein Attribut zuzuschreiben. Natürlich ist diese Zuschreibung aufgrund der geschilderten Situation dann nicht sachorientiert. Vielmehr soll erreicht werden, dass diese Kommunikationsattribuierung, vielleicht durch eine bildhafte Figürlichkeit, weitere Assoziationen auslöst, die mit dem konzeptuellen Kontext der Vorgehensweise ansonsten nicht in Verbindung gebracht werden würde. Selbstverständlich will Gruppe B dafür sorgen, dass es sich dabei um negative Assoziationen handelt, schließlich gilt es ja, die argumentative Hoheit in der Kommunikation zurückzugewinnen.

Gruppe B wählt beispielhaft den Weg, die von ihr abgelehnte Vorgehensweise so zu attribuieren, dass ein figürlich negativer Bezug hergestellt wird. Die Vorgehensweise wird in ihrer Auswirkung mit der zerstörenden Wirkung von Feuer in Verbindung gebracht. Das oft verwendete Adjektiv »brandgefährlich« wird an so vielen Stellen wie möglich in die Kommunikation über das Thema eingebaut.

Die Vorgehensweise wird also in der Kommunikation so attribuiert, dass beim Verfolgen der Thematik die Assoziation entsteht, dass diese Vorgehensweise zu einem gesellschaftlichen Zustand führt, der »leicht entzündlich« ist. Gleichzeitig werden die von Gruppe A als wertvoll betrachteten Zustände als gefährlich und nicht schützenswert dargestellt. Die in der Vorstellung heraufbeschworene

Feuersbrunst mit ihrer zerstörerischen Kraft soll so abschreckend wirken, dass die Vorgehensweise nicht mehr in Betracht gezogen werden soll.

Alternativ könnte Gruppe B zum Schutz der ach so wertvollen Ideen vor der Feuersbrunst die Errichtung eines Schutzwalles in Form von Handlungsvorgaben und Verboten gegen das erdachte Brandereignis errichten. Wir kennen das, das sind die so unrühmliche »Brandmauern«, die heutzutage in vielen Diskussionen bemüht werden.

An dieser Stelle möchte ich ausdrücklich betonen, dass die von mir geschilderten Gruppen A und B sowie die im Beispiel zur Diskussion stehenden Vorgehensweisen bzw. Zustände in der Gesellschaft abstrakt gehalten sind. Jeder sollte sich selbst prüfen, inwieweit er tatsächlich wahrgenommene, gesellschaftliche Strömungen und diskutierte Themen unbewusst mit diesen abstrakten Begriffen verbindet. Es zeigt auf, wie stark diese Zuschreibungen wirken.

Aber zurück zum abstrakten Beispiel: Gruppe B hat es nun vielleicht geschafft, dass die gesellschaftlich akzeptierte Unschärfe so ausgedehnt wurde, dass sie Zustände verändert und damit am Ende unsere Gesellschaft zerstören wird. Dies ist jedoch nur möglich, weil wir uns antrainiert haben oder es uns beigebracht wurde, dass die Ausweitung der gesellschaftlich akzeptierten Unschärfe »für die gute Sache« nicht nur zulässig ist, sondern sogar als Pflicht bezeichnet wird.

Und ja, die Zuweisung »gut« zu einer Sache ist ebenfalls eine Kommunikationsattribuierung. Denn dieses »gut« wird meist weder genau definiert, geschweige denn abgeleitet. Es wird einfach zugewiesen und damit attribuiert.

Daher betrachte ich die geschilderte Attribuierung im Rahmen einer Kommunikation als eine Geißel unserer Gesellschaft. Sie verhindert und substituiert doch die oft so notwendige Sacherwägung und Analyse.
Ein noch zu vertiefender Punkt ist die Frage, wer die Attribuierungen vornimmt. In den diskutierten Kontexten erfolgt derzeit die Attribuierung größtenteils in der Kommunikation der Medien. Dabei ist zu beobachten, dass dies vielfach mit verblüffender Gleichzeitigkeit und Gleichartigkeit erfolgt. Neugierige Leser könnten sich beispielsweise darüber kundig machen, wann der Begriff »Verschwörungstheorie« erstmalig verwendet wurde und welche Zusammenhänge bei der Erstverwendung damit verbunden wurden. Einen kleinen Hinweis möchte ich geben.

Für Interessierte:
ich empfehle bei dieser Recherche bis zum 22.11.1963 zurückzugehen und den Fokus auf die vorwiegend mediale Kommunikation nach diesem Datum hauptsächlich in den USA zu legen.

Nun möchte ich noch einen weiteren Gedanken einführen. Durch die Kommunikationsattribuierung wird oft auch eine wertende Artigkeit zugeordnet. Was ist damit gemeint? Ich versuche dies dadurch zu erklären, dass ich die Kette der Abläufe in feine Einzelelemente aufgeschlüsselt beschreibe.

Wir beginnen mit einem Umstand A, in unserem Anfangsbeispiel: »Zunder brennt.«

Dann wird in einem zweiten, unabhängigen Prozess eine wertende Artigkeit, die etwa eine Eigenschaft oder eine Erkenntnis ist, ins Denken eingeführt.

In unserem Beispiel wird folgende Artigkeit verwendet: »Zunder lässt sich einfach entzünden.«

Diese Artigkeit wird anschließend mit einer (Be-)Wertung versehen, in unserem Beispiel: »Wenn etwas einfach zu entzünden ist, dann ist das gut!«

Wir haben also den Artigkeiten »einfach entzündbar« und »brennt« die Wertung »gut« zugedacht. Natürlich läuft die Einführung einer wertenden Artigkeit normalerweise völlig unbedacht, also ohne Planung oder Zielsetzung, denn sie ist oft eben das Ergebnis der Beobachtung unserer Welt, die wir dann für uns selbst mit einer (Be-)Wertung versehen.

Als Nächstes kann man im Rahmen einer Kommunikation etwas mit einer Attribuierung versehen, in unserem Beispiel ist das die Formulierung: »Etwas brennt wie Zunder.«

Wenn jetzt der Empfänger der Kommunikation bereits über ein Repertoire von Artigkeiten verfügt, dann liegt es nahe, dass er diese Artigkeit bei sich mit einer (Be-)Wertung versieht. In unserem Beispiel wäre das: »Wenn etwas brennt wie Zunder, dann ist das feuergefährlich.«

In dieser Bewertung kann, wie in diesem Beispiel, eine latente »Gefahr« oder ein nicht näher definiertes »Falsch« enthalten sein.

Erst jetzt erfolgt die eigentliche Kommunikationsattribuierung. Die Kommunikation lautet in unserem Beispiel: »Etwas brennt wie Zunder.«

Beim Kommunikationsempfänger löst diese Aussage eine Zuordnung mit Bewertung aus. Konkret ist die Brennbarkeit dieser Sache gleichgesetzt mit der Brennbarkeit von

Zunder und dadurch mit Bewertung »feuergefährlich« verknüpft.

Damit hat der Empfänger der Kommunikation den Eindruck, dass er SELBST durch eigenes Denken den Kontext beurteilt und bewertet hat. In unserem Beispiel ist dann das etwas, das »brennt wie Zunder« als gefährlich einzustufen.

So ist sich der Empfänger der Kommunikation sicher, dass er selbst zu dieser Bewertung der Sachlage gelangt ist und dabei eben NICHT von außen beeinflusst wurde. Er glaubt somit seiner Bewertung.

In Kurzform läuft die Attribuierung im Rahmen einer Kommunikation also in folgenden Schritten ab:

1. Als erste Stufe wird eine Artigkeit festgelegt, z.B. »Zunder ist brennbar und brennt leicht.«

2. Durch eigene Erfahrung oder weitere Kommunikation bewertet der Empfänger die Artigkeit: »leicht brennbar ist feuergefährlich«

3. Im zeitlichen Abstand erfolgt nun eine zweite Stufe. In der Kommunikation, in der nun die Attribuierung vorgenommen wird, wird beispielsweise durch eine Gleichsetzung eine weiter Wertung eingeführt: »Etwas brennt wie Zunder.«

4. Beim Empfänger läuft nun die Verknüpfung ab. Er weist selbst dieser Attribuierung eine wertende Artigkeit zu.

5. Am Ende hat der Empfänger das sichere Wissen, dass er selbst dies bewertet hat, der Umweg über die Attribuierung ist ihm meist nicht bewusst.

Damit wird erreicht, dass über den Weg der Attribuierung in der Kommunikation der Empfänger eine Bewertung durchführt und diese dann auch als glaubhaft empfindet.

Eine Kommunikation, die vorsätzlich eine gewünschte Wertung erreichen möchte, baut daher auf im Vorfeld negativ konnotierte Artigkeiten auf. Daraufhin erfolgt die eigentliche Attribuierung, diese löst beim Empfänger die gewünschte Bewertung aus, die dieser dann als wahr empfindet. Tatsächlich wurde diese Bewertung in einem zweistufigen Prozess vom Sender der Kommunikation geplant. Der Empfänger wird auf diesem Wege also manipuliert.

Eine nächste mögliche Form der Manipulation wird im nächsten Kapitel vorgestellt.

3 Die zweite Geißel: Gleichsetzen von nicht Gleichsetzbarem

Wenn in der Kommunikation zu einem gesellschaftlichen Diskurs nicht nur eine Attribuierung vorgenommen wurde, sondern dies gleich mehrfach geschieht, werden diese im Weiteren oft zueinander in Relation gesetzt. Dabei ist bei nüchterner, analytischer Betrachtung besonders erstaunlich, dass vollkommen unvergleichbare Kontexte mit ein und derselben Attribuierung kommuniziert werden. Natürlich ist dies nur dadurch möglich, dass die im vorigen Kapitel beschriebene, gesellschaftlich akzeptierte Unschärfe in perfider Form ausgeweitet wird. Diese Ausweitung muss nicht notgedrungen schon am Anfang des Diskurses erfolgen. Oft werden die im Prinzip der Overton-Fenster geschilderten Methoden dafür verwendet, die gesellschaftlich akzeptierte Unschärfe Schritt für Schritt auszuweiten, sodass am Ende ein Maß an akzeptierter Unschärfe erreicht ist, das am Anfang des Prozesses für vollkommen inakzeptabel gehalten wird.

Damit werden die Overton-Fenster nicht mehr für die Erreichung von Akzeptanz für unmittelbare Ideen eingesetzt. Viel mehr werden so umfassendere Zuschreibungen aller Art ermöglicht.

Und so wird die Tür zur Gleichsetzung von nicht gleichsetzbaren Dingen aufgestoßen. Wenn man die sichtbaren und als wahr akzeptierten Grundinformationen mit anderen Informationen zeitlich einordnet, dann muss man sorgsam abwägen und auch recherchieren. Dies ist zwingend erforderlich, herauszufinden, welche dieser Grundinformationen mit anderen in einem kausalen Wirkungskontext stehen. Welche davon also wirklich korrelieren und welche einfach nur gleichzeitig auftreten und somit lediglich koinzident sind. Diese Unterscheidung ist oft deutlich schwieriger als gedacht.

Die herausfordernde Aufgabe der Unterscheidung von Koinzidenz und Korrelation überfordert die allermeisten gesellschaftlich geführten Debatten, vor allem wenn sie hauptsächlich entlang eines Informationsweges der Medien geführt werden. Um eine Debatte einfacher führen und vor allem kontrollieren zu können, wird versucht die Unterscheidung zwischen Korrelation und Koinzidenz, durch den Ansatz der Gleichsetzung zu ersetzen.

Praktisch bedeutet das, dass im Diskurs eine Grundinformation mit einer Attribuierung versehen wird. Dem kann eine Mehrheit der Diskursteilnehmer auch problemlos zustimmen.
Der eigentlich problematische Teil ist jetzt, dass eine andere Information mit derselben Attribuierung versehen wird. Da diese Information im ersten Moment scheinbar nichts mit der Grundinformation zu tun hat, wird diese Attribuierung in der Kommunikation ohne Einspruch übernommen. Bei genauerem Hinschauen ist jedoch erkennbar, dass diese Attribuierung nur möglich war, weil der gesellschaftlich akzeptierte (wichtig nicht verstandene - nur akzeptierte) Grad an Unschärfe extrem ausgedehnt wurde.

Plötzlich geschieht das, was ich als zweite Geißel unserer Zeit bezeichne. Nun wird beides, die Grundinformation, die auf breiter Basis akzeptiert und als richtig eingestuft ist, mit der anderen Information gleichgesetzt. Ziel ist es, mithilfe dieser Gleichsetzung eine Forderung nach Handlung als unabdingbar abzuleiten. In der heutigen Zeit fällt mir dazu der Begriff »alternativlos« ein, dieser wurde in der gesellschaftlichen wie politischen Debatte in den vergangenen Jahren mehrfach missbraucht.

Zur Auflockerung möchte ich ein banales Beispiel anbringen.

Jemand geht her und postuliert den nachprüfbaren Umstand: »Der Mond ist gelb.«

Dem kann man zustimmen, pragmatischer Weise definieren wir einfach nicht näher, was genau gelb ist. Damit haben wir eine Grundinformation.

Wir verfügen über eine andere Information: »Käse ist gelb.«

Auch hier kann man prinzipiell mit großzügiger Auslegung der Farbdefinition »gelb« zustimmen.

In beiden Fällen ist die gesellschaftlich akzeptierte Unschärfe hinsichtlich der Farbdefinition beträchtlich. Mozzarella ist ein Käse und sicher eher weiß als gelb. Außerdem kennt jeder den berühmten »Blutmond«, bei dem ist der Mond sicher eher rötlich als gelb.

Nun ist beides, Grundinformation und die andere Informationen, mit der Farbe »Gelb« attribuiert.

In diesem Moment schlägt die Geißel 'der Gleichsetzung nicht Gleichsetzbarem' zu: »Der Mond ist gelb. Käse ist gelb. Der Mond ist aus Käse.«
Natürlich ist diese Ableitung aus dieser Gleichsetzung als Aussage sinnlos. Das aus natürlich vorkommende Rohstoffen, der Milch, gewonnene Nahrungsmittel Käse als Grundstoff für den Mond zu vermuten, ist weder begründbar noch offensichtlich und so ist diese Aussage für den gesunden Menschenverstand inakzeptabel und damit Unsinn.

In diesem einfachen Beispiel ist der Annahmefehler offenbar.

Wenn jedoch komplexere Situationen, vielleicht sogar ganze Strukturen betrachtet werden, dann fällt der Annahmefehler nicht so leicht ins Auge.

Ein Beispiel ist die aktuelle Diskussion über den Klimawandel. Schon bei der Verwendung der Begriffe »Klima« und »Wandel« ist inzwischen ein überbordendes Maß an Ausweitung der gesellschaftlich akzeptierten Unschärfe zu beobachten.
Der Begriff »Klima« wird ohne nähere Beschreibung verwendet. Tatsächlich handelt es sich nach allgemein anerkannter Lehrmeinung beim Klima um die Betrachtung eines gleitenden Durchschnitts von mindestens dreißig Jahren Wetterdaten. Prinzipiell sind dafür alle Wetterdaten von allen Orten auf dieser Erde einzubeziehen. Denn die Atmosphäre und die für das Wetter relevanten Höhenlagen der Troposphäre (hier sind wir üblicherweise unterwegs), Stratosphäre (hier fliegen Flugzeuge), Mesosphäre und Thermosphäre verteilen sich eben über die gesamte Erde hinweg.

Interessanterweise haben wir nur für sehr wenige Orte auf der Erde sinnvoll verwendbare Wetterdaten und diese stammen fast durchgängig aus der Troposphäre. Gehen wir in der Zeit zurück, so stellen wir fest, dass wir keinerlei Information darüber haben, wie sich beispielsweise im Jahr 1881 das Wetter in der Tasmanischen See auf halbem Weg zwischen Neuseeland und Australien so zwischen Mai und September entwickelt hat.

Nichtsdestotrotz wird aktuell eine gesellschaftliche Diskussion befeuert, bei der ein einzelner Kennwert der Klimadaten, nämlich die durchschnittliche Temperatur, gewissermaßen als heiliger Gral der Beurteilung der Situation betrachtet wird.

Nochmals zur Erinnerung: wir haben nur über einen Bruchteil der Erdoberfläche Informationen aus der Zeit, bevor wir Menschen Satelliten in die Umlaufbahn gebracht haben, die Wetterdaten ermitteln. Selbst mit diesen Satelliten haben wir nur Kenntnis über schmale Ausschnitte zu einer bestimmten Zeit. So gibt es keine bzw. fast keine Wettersatelliten über der Antarktis.

Die Verkürzung des Diskurses auf die »Durchschnittstemperatur« ist also ein anschauliches Beispiel dafür, wie signifikant die gesellschaftlich akzeptierte Unsicherheit bei Attribuierungen die Aussagekraft dieser Zuweisung einschränken kann. Bereits im Vorfeld wurde die Erhöhung der Temperatur als negativ konnotierte Artigkeit eingeführt, diesen Vorgang habe ich im letzten Kapitel ausführlich beschrieben.

Im nächsten Schritt wird eine weitere Information eingeführt. Wir betrachten nun den CO_2-Gehalt in der Atmosphäre. Auch darüber haben wir aus der Vergangenheit recht wenig Daten. Tatsächlich liegt der CO_2-Anteil in der Troposphäre bei ungefähr 0,04 %.
Dazu wurden Modellrechnungen durchgeführt. Da diese das Weltklima simulieren sollten, mussten natürlich eine Unmenge an Rohdaten für diese Modellrechnungen verwendet werden. Diese Rohdaten müssen verlässlich und kontinuierlich für den geplanten Umfang (z.B. Zeitraum) der Modellrechnung verfügbar sein, was in den allermeisten Fällen nicht möglich ist. Diese Unmöglichkeit ist leicht erkennbar, denn verlässliche Temperaturmessungen für Punkte auf der gesamten Erdoberfläche über einen Zeitraum von beispielsweise den letzten hundert Jahren zu ermitteln, ist schlicht unmöglich. Egal, wie faszinierend

die heute mögliche Leistung von Computersystemen ist, selbst die besten Computersysteme wären absolut überfordert, wenn sie allein mit den vorhandenen Rohdaten arbeiten sollten. Somit werden also bestimmte Rohdaten für die Modellrechnungen ausgewählt und zusätzlich werden erdachte Daten hinzugefügt.

Nun, da ist sie wieder, die gesellschaftlich ausgeweitete, akzeptierte Unschärfe. Wir akzeptieren die Zulässigkeit der Reduktion der Rohdaten, obwohl diese Zulässigkeit einer (stark) erhöhten Unschärfe für die große Mehrheit der Teilnehmer an dieser Diskussion nicht prüfbar ist.

Jetzt sind diese Modellrechnungen sicher extrem aufwendig. Riesige Computersysteme werden eingesetzt. Viele Menschen arbeiten dort mit. Dieser Aufwand bedingt natürlich das Vorhandensein von finanziellen Mitteln. Schon wieder gibt es eine gesellschaftlich akzeptierte Unschärfe, inwieweit die Quelle der Mittel ein Interesse daran haben könnte, die Ergebnisse der Modellrechnungen in eine bestimmte Richtung zu lenken.

Dann geschieht das, was ich als die zweite Geißel unserer Zeit bezeichne. Mit diesen Modellrechnungen mit all ihren akzeptierten Unschärfen wird eine Klimaentwicklung prognostiziert. Diese Entwicklung wird in all ihrer Komplexität auf einen einfachen Zahlenwert heruntergebrochen und somit die nächste Unschärfe eingeführt. So ist die weltweite Durchschnittstemperatur, die die Modellrechnung liefert, das gewählte Ergebnis. Die Modellrechnungen liefern Werte dieser Durchschnittstemperatur mit Auflösungen in Zehntel Grad Celsius, was große Genauigkeit und damit geringe Unschärfe suggeriert und so die Ausweitungen der Unschärfe auf dem Weg zum Ergebnis aus dem Fokus der Aufmerksamkeit bringt.

Vereinfacht formuliert: Wir haben Modellrechnungen mit einem auf die Leistungsfähigkeit der Computersysteme angepasstem reduziertem Datenpool der Grunddaten. Dieser sehr geringe Datenpool enthält wiederum nur wenige einigermaßen zuverlässig aufgezeichnete Informationen von sehr wenigen Orten auf der Welt. Die Daten für die Orte, für die wir keine aufgezeichneten Informationen haben, müssen notgedrungen, geschätzt oder abgeleitet werden. Das Ergebnis der hochkomplexen Modellrechnungen wird dann in einem einzigen Durchschnittswert zusammengefasst. Dieser wird sogar mit einer Dezimalstelle nach dem Komma vermeldet.

Nun, aufgrund der ausgeführten Unschärfen kann niemand sagen, ob die Modellrechnungen die Wirklichkeit korrekt prognostizieren oder nicht. Wir wissen es schlicht nicht. Niemand weiß es.

Ich möchte an dieser Stelle die Wertigkeit dieser Modellrechnungen nicht weiter diskutieren, da mir ein anderer Punkt wichtiger ist.

Im Rahmen der Klimadiskussion erleben wir, dass eine Gleichsetzung stattfindet. Die verzeichneten Ergebnisse der Klimamodelle zeigen einen Temperaturanstieg. Hier ist also das Attribut Anstieg = Steigerung vergeben worden.

Jetzt wird parallel zu den Klimadaten eine weitere Information beobachtet. Dem zeitlichen Verlauf der Temperaturkurve, den wir aus den Modellrechnungen erhalten, wird der zeitliche Verlauf des Anteils an CO_2 in unserer Atmosphäre gegenübergestellt. Auch in diesem wird das Attribut Anstieg = Steigerung vermeldet.

Indessen schlägt die zweite Geißel unserer Zeit zu. Beide Anstiege werden gleichgesetzt. Bei dieser Gleichsetzung wird, vermutlich vorsätzlich, vergessen, die Kausalität zu erklären, die als Basis für die Gleichsetzung diente.

Nun haben wir also den Umstand, dass zwei Attribuierungen »Anstieg« miteinander gleichgesetzt werden.
Diese Gleichsetzung wird jedoch dafür verwendet, eine weitere Attribuierung vorzunehmen, nämlich die, dass CO_2 der Hauptverursacher des in den Modellrechnungen errechneten Anstiegs der Durchschnittstemperatur der Erde ist. Es wird nicht erklärt, wie Kohlendioxid das leisten kann, welcher physikalische Prozess beispielsweise dahinter steht.

Rasch wird nun eine weitere Unschärfe eingeführt. Wir verknüpfen die Gleichsetzung mit dem Begriff 'Treibhauseffekt'. Dabei wird die von der Erde abgestrahlte Wärme wieder auf die Erde zurück reflektiert, was zum Temperaturanstieg und somit zur Aufheizung führt. Wieder sehen wir die Gleichsetzung des eigentlich nicht Gleichsetzbaren - Temperaturanstieg im Gedankenmodell Treibhauseffekt und Anstieg des Anteils von CO_2 in der Atmosphäre.

Es wird allerdings versäumt Verschiedenes zu erläutern. Das Atmosphärengas mit der höchsten Dichte, das Kohlendioxid, das sich demnach in einer Schichtung der Gase direkt über der Erdoberfläche befinden sollte, wird ganz oben in der Atmosphäre lokalisiert. Es wird weiterhin nicht erklärt, wie das CO_2 dafür sorgt, dass die Wärmestrahlung der Sonne zwar durch das Kohlendioxid hindurch auf die Erde gelangt, aber die von der Erde abgestrahlte Wärme vom CO_2 zurück auf die Erde reflektiert wird. Physikalisch könnte man zum Beispiel hierzu das Spektrum der von der Sonne auf die Erde eingestrahlten, elektromagnetischen Strahlung (a.k. Licht und Wärme) betrachten und die z.B. frequenzabhängige Transmission, Absorbtion und Reflektion der beteiligten Stoffe betrachten.

Aber das geschieht nicht.

Ich nenne nochmals zur Übersicht die beiden wesentlichen Gleichsetzungen, die verwendet werden. Das Modellrechnungsergebnis 'Anstieg Durchschnittstemperatur' wird mit 'Anstieg des CO_2-Anteils in der Atmosphäre' gleichgesetzt. Es wird das Prinzip des Treibhauseffektes, der Rückreflexion von Wärmestrahlung mit dem Anstieg des CO_2 gleichgesetzt.

Als Basis für beide Gleichsetzungen wird die Attribuierung 'Anstieg' verwendet.

Eine tatsächliche Herleitung zum Beispiel der angeblich wirkenden, physikalischen Vorgänge sowohl prinzipiell als auch qualitativ und quantitativ gibt es nicht.

Am Ende wird aus diesen Gleichsetzungen eine Handlungsvorgabe abgeleitet, die als unabdingbar kommuniziert wird. Der Empfänger dieser Kommunikation wird wie geschildert den Eindruck haben, dass er die Situation selbst und damit glaubwürdig richtig bewertet hat. Das liegt daran, dass er auf getrennten Wegen über die Artigkeiten und die Attribuierungen erfahren hat und diese in verschiedenen Hirnregionen gespeichert hat. Durch die Gleichsetzung wurden diese verschiedenen Regionen dann verknüpft und als wahr und real abgespeichert. Er ist somit das Opfer einer mehrstufigen Kommunikation, die mit Attribuierung samt wertenden Artigkeiten auf der einen Seite und Gleichsetzen von nicht Gleichsetzbarem andererseits arbeitete.

Sicher sind noch weitere Mechanismen zusätzlich zu betrachten. So ist es vielleicht wertvoll, die gesamte Kommunikation daraufhin zu untersuchen, inwiefern Manipulationsversuche erkennbar sind. Dafür gibt es recht pragmatisch beobachtbare Marker. Oft wird Manipulation dadurch betrieben, dass ein Thema als unglaublich komplex attribuiert wird. Dann wird daraus abgeleitet, dass dieses Thema lediglich von Experten verstanden werden kann, dass also der einfache Mensch schlicht unfähig zur Bewertung, Beurteilung und in der Folge zur Ableitung von Handlungsvorschlägen ist. Dann wird vielleicht der Korridor des zulässigen eingeengt, die Mechanismen dazu werden im nächsten Kapitel angesprochen.

An dieser Stelle möchte ich die Ausführungen zu diesem Beispiel beenden. Der geneigte Leser könnte ja der Übung halber ermitteln, welche Studien es zur Entwicklung von Extremwetter gibt und welche dieser Studien Eingang in die Wertung durch z.B. den IPCC gefunden haben. Oder man könnte sich mit den Themenfeldern Migration und Fachkräftemangel beschäftigen. Ziel dieser Arbeit könnte dabei sein, mögliche Attribuierungen und wertende Artigkeiten zu identifizieren, die wiederum im Rahmen des Gleichsetzens von nicht Gleichsetzbarem verwendet werden, um so als unabdingbar kommunizierte Handlungsvorgaben zu begründen.

4 Die zweieinhalbte Geißel: Kontaktschuld

Sowohl im Rahmen der Attribuierung in der Kommunikation als auch bei dem anschließend oft erfolgten Gleichsetzen von nicht Gleichsetzbarem spielt der ausführlich diskutierte Begriff der Unschärfe eine absolut wesentliche Rolle.

Die Einführung einer gesellschaftlich als akzeptabel anerkannten Unschärfe macht sowohl die Attribuierung als auch das Gleichsetzen überhaupt erst möglich. Somit wird dies die zentrale Konfliktstelle unserer Zeit.

Aus diesem Grund wird ein Verständnis zu den beschriebenen Prozessen und Mechanismen von den gesellschaftlichen Gruppen mit aller Macht bekämpft, die diese beiden Geißeln so üppig für ihre Zwecke zum Einsatz bringen. Natürlich werden auch deshalb alle Ansätze die Unschärfe näher zu betrachten oder womöglich zu beurteilen im Keim erstickt. Auf keinen Fall darf es dazu kommen, dass es zum Erkennen oder gar der Einschränkung der implementierten Unschärfen kommt.

Im Beispiel in Kapitel 2 Die erste Geißel: Attribuierung habe ich diese Gruppe als Gruppe B bezeichnet.

Tatsächlich sollte man eigentlich erwarten, dass eine Diskussion über das Maß der gesellschaftlich akzeptablen Unschärfe bei der Attribuierung und Gleichsetzung selbstverständlich ist. Dies ist schon allein vor dem Hintergrund der Mächtigkeit der geforderten Maßnahmen im Interesse aller Beteiligten. Allerdings erleben wir, dass genau diese Selbstverständlichkeit inzwischen verpönt ist, ja sogar bekämpft wird.

Es ist so weit gekommen, dass ein Hinterfragen der Unschärfe als Gesellschaft zersetzendes Handeln gebrandmarkt wird. Um dem Perfiden noch die Krone aufzusetzen, geschieht dieses Brandmarken unter maximalem Einsatz der Attribuierung, selbstverständlich mit extremst ausgedehnter Unschärfe als Basis.

So stellen die Interessenvertreter der »Gruppe B« sicher, dass jede kritische Anmerkung zur Unschärfe, die eine Attribuierung oder eine Gleichsetzung infrage stellen könnte, sofort im öffentlichen Diskurs unterbunden wird. Nicht nur das. Jegliche Gedankenkette, die auch nur annähernd mit einer kritischen Wortmeldung zur Unschärfe in Verbindung gebracht wird oder bei der man mutwillig eine Verbindung hineininterpretiert, wird im Fegefeuer des gesellschaftlichen Diskurses entlang der vorgegebenen und gesellschaftlich akzeptierten Unschärfe vernichtet oder zumindest unschädlich gemacht.

Genau an diesem Punkt setzt die zweieinhalbte Geißel unserer Zeit an. Ich spreche von der Kontaktschuld. Sobald ein Gedanke, eine Wortmeldung oder Sachargumentation die von Gruppe B installierten Attribuierungen und Gleichsetzungen gefährden könnte und diese Wortmeldung nicht sogleich öffentlich diskreditiert werden kann, kommt das flammende Schwert der Kontaktschuld zum Einsatz.

Tatsächlich ist die Kontaktschuld eine Gleichsetzung von nicht Gleichsetzbarem mit Hilfe und auf Basis der maximalen Unschärfe. Es genügt für das Ausrufen einer Kontaktschuld bereits die Verwendung einer Formulierung, die schon von anderen Kritikern geäußert wurde, die dann von den Interessenvertretern der Gruppe B zum Schweigen gebracht wurden.

So genügte in der Vergangenheit bereits die Verwendung des Begriffes 'Autobahn', um eine Kontaktschuld zu konstruieren, die eine Nähe zu oder gar Befürwortung von faschistischen Systemen darstellt. Dies zerstörte dann oftmals die wirtschaftliche Existenz des Kritikers.

Der Einsatz der Kontaktschuld zur Abwehr von kritischen Gedanken zum Thema Unschärfe bei Attribuierungen und Gleichsetzungen ist leider der heute übliche Beißreflex vorwiegend in der medialen Begleitung eines gesellschaftlichen Diskurses.

Es werden viele Menschen davon förmlich überrumpelt, sodass sie diese weder bemerken noch als für den Diskurs bedeutsam erachten. Dagegen ist die Kontaktschuld ein inzwischen sehr wohl wahrgenommenes und gefürchtetes, gesellschaftliches Phänomen.

Bedauerlicherweise erinnert dieser Zustand einen Überlebenden des gymnasialen Schulweges an ganz andere, dunkle Zeiten in unserem Land. Damals zu seinen Schulzeiten war ihm vollkommen unerklärlich, wie eine offene Gesellschaft der Dichter und Denker zu einer solchen Groteske der Existenz in dieser dunklen Zeit mutieren konnte. Hier möchte ich Henryk M. Broder sinngemäß zitieren:

»Wenn ihr euch fragt, wie es damals passieren konnte: weil sie damals so waren wie ihr heute seid.«

Daher möchte ich an dieser Stelle dazu aufrufen, eben nicht so zu sein. Lasst nicht zu, dass diese zweieinhalb Geißeln unserer Zeit, diese Gedankenschädlinge, unser Denken, Glauben und Handeln bestimmen. Leistet Widerstand und legt Widerspruch an den Tag und habt den Mut zur kritischen Nachfrage. Denn auch dies war einer der Gründe, dass wir früher einmal das Land der Dichter und Denker genannt wurden. Ich wünsche mir, dass ein sachkritischer Diskurs auf Basis von nachprüfbaren (nicht modellierten oder simulierten) Daten unter dem Verständnis der Natur und der Welt z.B. mittels Anwendung unseres Wissens und Verständnis von Chemie und Phyisk geführt wird.

Zum Glück gibt es aber auch Grund zum Optimismus. Denn meist lassen sich zumindest in Alltagssituationen erlebte Attribuierungen und Gleichsetzungen mit etwas Widerspruchsgeist entlarven. Vielleicht gelingt es ja auf diesem Weg, dass diese Gedankenschädlinge der Attribuierung, der Gleichsetzung und der Kontaktschuld in unserer Welt etwas zurückgedrängt werden.

5 Wie es weiter geht

Als Erstes möchte ich mich beim Leser herzlich für sein Durchhaltevermögen bedanken. Die sperrigen Definitionen und Ableitungen der letzten Kapitel waren meiner Meinung nach leider unumgänglich.

Daher möchte ich zum Abschluss meiner Erwägungen zu den zweieinhalb Geißeln unserer Zeit, ich bezeichne sie als Gedankenschädlinge, wie angekündigt, die eingangs begonnene Geschichte vom Klassentreffen weitererzählen.

Unser Protagonist blickt sich ratlos um, dann wendet er sich an die unverheiratete Klassenkameradin: »Wo bitte habe ich mich denn in der Wortwahl vergriffen?«

Mit einem Augenrollen, nach exaltiertem Umwenden und Grimassenschneiden in Richtung der anderen beginnt diese in professoraler Form zu dozieren: »Du kannst doch eine Erzieherin nicht Kindergartentante nennen. Außerdem ist dieses Lied vollkommen inakzeptabel. Es missachtet Minderheiten. Das sollte dir eigentlich klar sein, nicht wahr?«

Unser Protagonist schüttelt verwundert den Kopf. Er stellt sein Glas auf den Stehtisch neben sich, blickt kurz zu Boden und holt dann tief Luft: »Nun, liebe Sophie-Jaqueline. Ich sehe, du hast dich einem sehr üblen Stilmittel verschrieben. Zu deinen Gunsten vermute ich, dass dein Umfeld dich in diesem schlechten Verhalten geprägt hat.«

Ein Raunen geht durch die Menge. Der Kreis der Umstehenden rückt langsam näher. Keiner möchte die jetzt zu erwartende Konfrontation verpassen, verspricht doch die öffentliche Hinrichtung von Menschen, die sich wie unser Protagonist verhalten, ein gerüttelt Maß an Amüsement.

Die unverheiratete Teilzeitjournalistin streckt angriffslustig das Kinn nach vorn: »Was bitte soll denn das heißen? Ist das wieder einer dieser bürgerlich zurückgebliebenen Meinungsbilder, mit denen du dich schwächlich aus der Affäre ziehen möchtest?«

Unser Protagonist zögert einen Moment. Er ist unsicher, ob es sich lohnt, diesem Wesen entgegenzutreten. Er blickt in die Runde und begegnet dort gierigen Blicken von Menschen, die seiner Niederlage beiwohnen wollen. In einigen Minen kann er aber auch Hoffnung sehen. Nämlich die Hoffnung, dass endlich jemand den Mut aufbringt, zu widersprechen und vielleicht sogar ein wenig Erfolg damit haben wird. Das spornt ihn an. Er strafft sich und blickt seiner ehemaligen Klassenkameradin direkt in die Augen: »Nun, liebe Sophie-Jaqueline, ich kenne dein Problem. Du glaubst, dass die Erzählung einer Erinnerung an Kindheitstage nur erlaubt ist, wenn sie mit den heute erlaubten Attribuierungen versehen ist.«

»Was soll der Quatsch mit Attribuierungen?«

Lächelnd fährt unser Protagonist fort: »Unter Attribuierung versteht man die Zuweisung von Eigenschaften. Du unterstellst mir, dass ich meine Kindergartentante Helene mit einer negativen Attribuierung versehen habe, weil ich die damals gänzlich übliche Bezeichnung einer in einem Kindergarten als Erzieherin arbeitenden Frau verwendet habe. Das setzt von deiner Seite natürlich voraus, dass die damals übliche Bezeichnung mit dem Vorsatz der Abwertung von Tante Helene von mir verwendet wurde. Genau das ist falsch. Ich erinnere mich sehr gerne an ihre liebevolle Art und an all die tollen Sachen, die sie mit uns gespielt hat.«

Gerade will die Teilzeitjournalistin unserem Protagonisten

eine feurige Erwiderung entgegenschleudern, da meldet sich aus der hinteren Reihe eine andere Frau: »Stimmt! An Ostern haben wir immer im Garten draußen die von ihr für uns gebastelten Osterüberraschungen suchen dürfen, darauf habe ich mich immer so gefreut!«

Grimmig fährt die Verteidigerin der Gleichberechtigung und Genderkorrektheit zu der Sprecherin herum, als eine weitere Wortmeldung erfolgt, dieses Mal ein Mann mit inzwischen schütteren, grauen Haaren: »Au ja. Und die Matschschlachten waren klasse! Meine Mama war zwar abends immer sehr genervt von dem Dreck, den ich noch in den Haaren hatte. Aber die Matschschlachten waren wirklich genial!«

Die Teilzeitjournalistin ahnt, dass der von ihr geplante Widerspruch ins Leere läuft, trotzig wendet sie sich wieder an unseren Protagonisten: »Aber das Lied geht gar nicht! Das ist ja wohl sogar dir klar, du Reaktionär.«

Unser Protagonist ahnt, dass er nun langsam Oberwasser gewinnt. Das gibt ihm die Kraft, erneut ruhig zu antworten: »Ich weiß, dass es zum Credo einer bestimmten Politikdenkweise zählt, dass Grundlagen wie Lesen und Schreiben nicht als unabdingbar notwendige Fähigkeiten gelten, die am Ende einer Grundschulzeit beherrscht werden sollten. Ich sehe das anders. Ich bin überzeugt, dass Lesen und Schreiben unabdingbar wichtig für die Souveränität eines Menschen sind.

Eigentlich hätte ich von jemandem, der gelegentlich als Journalist arbeitet, erwartet, dass er das auch so sieht.«

Verschmitzt grinst unser Protagonist seine Kontrahentin an.

»Ich bin eine Frau, sprich mich gefälligst auch als solche an!«

Er nickt einfach als Antwort. Aus der umstehenden Menge kommt leises Kichern, irgendjemand flüstert: »Emanze. War sie schon immer.«

Jetzt bekommt die Verteidigerin der Geschlechter langsam vor Ärger eine rötliche Gesichtsfarbe. Furios fährt sie fort: »Eskimos sagt man nicht, das diskreditiert die Inuit in ihrem Kampf um Anerkennung ihrer Gesellschaft und Kultur!«

In der Erwartung, endlich einen Punkt gemacht zu haben, macht die Klassenkameradin einen halben Schritt auf unseren Protagonisten zu. Noch bevor er antworten kann, kommt ein Kommentar aus der Menge: »Also meine Frau ist tatsächlich ein Eskimo. Ich habe sie bei einem meiner Einsätze auf einem Postschiff kennengelernt. Ihr ist es gänzlich egal, ob sie jemand als Eskimo anspricht. Ihr ist nur wichtig, dass sie nicht für eine Asiatin gehalten wird!«

Wutschnaubend stiert die alleinstehende Teilzeitjournalistin unseren Protagonisten an: »Ihr seid immer noch die gleichen Spießer, wie damals. Ich habe verstanden.«

Unser Protagonist reibt sich vorgeblich nachdenklich das Kinn, als er antwortet: »Ich fasse mal zusammen: Ich erinnere mich gern an meine Kindergartenzeit und du unterstellst mir, dass ich meine liebe Tante Helene heruntermachen will. Dann ist ein Lied, das Generationen von Kindern bei der Einschulung gesungen haben, rassistisch. Mich betitelst du als reaktionär und Franz dort drüben respektiert die Inuit nicht, weil er seine Frau als Eskimo bezeichnet, wie sie es übrigens wohl selbst auch tut. Irgendwie habe ich den Eindruck, dass du unsere Sicht der

Dinge absichtlich als etwas Schlechtes darstellen willst. Warum machst du das?«

Die Antwort der ehemaligen Klassenkameradin kommt in einem aufmüpfigen Ton: »Weil man so etwas heute nicht mehr sagt.«

Die Menge beginnt zu kichern, unser Protagonist lässt sich nicht irritieren und antwortet mit großem Ernst: »Nun, dieses 'man', das du hier bemühst, scheint mir eher so etwas wie eine Denkvorgabe zu sein. Wie du gehört hast, sagen wir so was tatsächlich. Wir sagen solche Dinge ohne böse Absicht.«

Zornig wendet sich die alleinstehende Teilzeitjournalistin von ihm ab und verlässt den Raum. Er steht da und schaut ihr nach, als ihn jemand von der Seite anspricht. Es ist Julia. Sie waren schon gemeinsam im Kindergarten: »Mach dir nichts daraus. Tante Helene war klasse und für mich bleibt sie immer Tante Helene, egal, wie man mich nennt.«

Er atmet tief durch und ist froh, dass die Konfrontation vorüber ist.

»Klar, war Tante Helene die Beste. Wir sollten uns wehren, wenn uns jemand einfach irgendein Etikett ankleben will und uns dann damit nachsagen will, dass wir deshalb schlecht sind.«

Sein Blick geht zum Fenster hinaus. Dort steht Sophie-Jaqueline. Sie diskutiert mit einer Mitarbeiterin des Ordnungsamtes. Diese erklärt der aufgeregten Frau wohl gerade, dass sie ihr Lastenrad in einer Rettungsgasse geparkt hat.

Unser Protagonist grinst in sich hinein. Im ersten Moment möchte er dies triumphierend als ausgleichende Gerechtigkeit verbuchen, aber im Grunde seines Herzens tut sie ihm jetzt leid.

6 Und nun … kommt die Zukunft

Meine liebe Leserschaft, sicher haben Sie inzwischen auch, da Sie es bis hierher geschafft haben, herausgefunden, welche Attribuierungen ich im gesamten Text der Gruppe A zugeschrieben habe und sicher haben Sie insgeheim auch schon dazu angesetzt, mir zu widersprechen.

Ich muss Ihnen recht geben, so wird es in Zukunft nicht zu einer Zusammenführung der Gruppen A und B kommen. Denn solange Attribuierungen immer wieder hin- und hergeschoben werden und sich eine Gruppe der anderen überlegen fühlt und so auf die andere herabsieht, werden diese Spaltungen durch Attribuierungen, durch Gleichsetzen von nicht Gleichsetzbarem und durch die Kontaktschuld eher noch vergrößert und die Spaltung nimmt zu.

Deshalb müssen wir gemeinsam die zweieinhalb Geißeln unserer Zeit auf beiden Seiten benennen, diskutieren und sie anschließend aus unserer Gesellschaft entfernen.

Damit wieder Gemeinschaft entstehen kann für eine gute Zukunft und ein gutes Miteinander.

Der Investigativjournalist François Beauford fliegt nach New York für seine Recherche zum insolventen Mega-Techkonzern Intersol. Auf halbem Weg über den Atlantik wird klar, dass die Sonne an diesem Morgen nicht aufgeht. Die Erde bleibt in der Dunkelheit gefangen. Die Welt stürzt unvermittelt ins Chaos. Fast alle Militär- und Spionagedienste der Welt sind ratlos. Nur die Recherche von François Beauford führt zur Quelle des Übels. Kann er die Welt aus den Fängen der Dunkelheit entreißen? Eine wilde Jagd mit ungewissem Ausgang beginnt ...

Dieser Thriller spricht die Urängste der Menschheit an, die finstere Mächte für ihre Zwecke missbrauchen.